AF554669

Philippe du Maine

DU Xe... GÉNIE

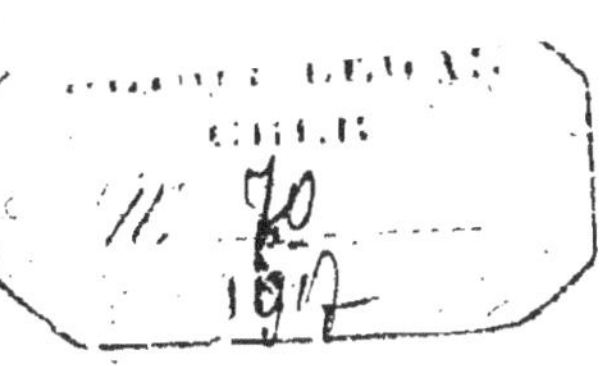

Avant l'Attaque

Épisode du Génie en Campagne

— 1915 —

BIBLIOTHÈQUE NATIONALE IMPRIMÉS

PRIX : 60 centimes

Édition de PARIS-REVUE

14, rue Meslay

PARIS

1917

Tous droits de reproduction et de traduction réservés.

8° Lh5

2078

Philippe du Maine

DU Xe... GÉNIE

Avant l'Attaque

BIBLIOTHÈQUE NATIONALE
B.N.
IMPRIMÉS

Épisode du Génie en Campagne

— 1915 —

PRIX : 60 centimes

Édition de PARIS-REVUE
14, rue Meslay
PARIS
1917

Tous droits de reproduction et de traduction réservés.

8° Lh⁵
2078

INTRODUCTION

« Conduit par nos mains inhabiles, le bachot ne tarda pas à être rattrapé par la nacelle, pilotée par un caporal de l'active et que montait le lieutenant de peloton.

Tous bleus, nous nous connaissions à peine dans ce bateau de pontage ; et, quoique nos écoles se fassent en plein hiver, la sueur perlait sur nos fronts ; c'est qu'elles sont lourdes, ces rames qui s'échappent si facilement des tolets, le fleuve, en pleine crue, a tant de courant, et nous sommes si lourdauds dans ces vêtements de treillis trop larges.

Les rames battaient l'eau, sans aucune cadence, bien que l'instructeur s'époumonnât à scander : « Un... deux... Un... deux !... »

De terribles embardées nous entraînaient dans les prairies inondées, où le bateau ne tarda pas à aller butter contre une émousse dont la tête affleurait à peine la surface de l'eau.

Un malencontreux coup donné à babord,

« un sifflet » manqua de nous jeter tous par-dessus les plats-bords.

« Eh, le 4, faites donc un peu attention ». nous cria le lieutenant qui nous suivait de près.

« Qu'est-ce que c'est que ce pilote que vous avez?... Redresse ta rame... Tu t'appelles?... Ta profession ?... » continua-t-il.

Nous avons tous redressé nos rames, tandis que l'officier nous parle. Celui auquel il s'adresse est presque mon voisin de lit ; nous sommes arrivés au quartier ensemble, et comme parfois, il me prête la main à faire mon lit, quand je suis en retard, nous sommes quelquefois descendus à la cantine ensemble ; je le connais donc un peu.

Lorsqu'on nous a fait troquer nos vêtements civils pour l'uniforme, il a voulu choisir, n'acceptant pas ce qu'on lui donnait, remplissant le magasin d'habillement de ses récriminations, affolant l'auxiliaire préposé à cette distribution. Il a pris un de ces képis, qui sont tout un homme : visière cassée, fond rentré, jugulaire tressée ; képi retour du front, le vrai « gabion du sapeur ».

On le conduisit de force chez le coiffeur.

L'adjudant dit de lui : « C'est un numéro ».

Quand l'officier l'eut interpellé, il s'arrêta de godiller :

« Jules ! mon lieutenant.

« Votre nom de famille ?

« — Eh ben, Jules, que je vous dis, j'en ai pas d'autre ; mon père m'a perdu sur le pont des Arts.

« Votre profession ?

— « Je fais de tout, je suis de la balle ; je roule.. »

. . . .

. . . .

. . . .

. . . .

. . . .

PHILIPPE DU MAINE.

Avant l'Attaque

Les fantassins occupaient déjà la tranchée de départ. Notre travail de l'avant-veille avait été rendu méconnaissable par les occupants, qui, par mille moyens, cherchent à rendre leur séjour plus acceptable.

N'ayant pu faire d'abris-cavernes, l'attaque étant trop proche, ils s'étaient creusés au-dessus de la banquette de tir, dans la paroi, de petits gourbis individuels, niches de la dimension d'un homme, qui se succédaient de distance en distance, le long de la tranchée, comme les logettes des Saints, dans le promenoir d'une abbaye. L'activité régnait dans ces parages.

Les mitrailleurs montent leurs pièces, les moulins à café ; il faut se baisser en passant sous les madriers, jetés en travers, et qui leur servent de socles.

Il fait nuit, et les sapeurs, embarrassés d'échelles de franchissement et de nasses, buttent partout ; ce sont des sacs qui traînent, un coin de parapet qu'une torpille fit écrouler, un pare-éclat au détour trop brusque, un fil téléphonique qui traîne à terre ! Les murmures s'élèvent.

Des équipes sont placées de dix en dix mètres ; elles doivent fixer les échelles qui permettront aux fantassins de partir plus facilement à l'assaut.

Ensuite, ces équipes ménageront des chicanes dans les réseaux barbelés.

La dernière équipe se trouva placée au débouché d'un boyau où se tenait le P. C.

Les deux hommes qui la composent sont deux compères, ne se quittant guère, que l'on peut voir, toute la journée, courir de guitoune en guitoune, du cantonnement aux batteries d'artillerie, où ils exercent le plus facilement leur commerce de marchands de souvenirs, tubes d'aluminium, balles allemandes ou françaises...

Ils réalisent ainsi des bénéfices, qui leur permettent d'aller en cachette passer une bonne journée à la ville voisine, la ville martyre.

Deux débrouillards, deux pays, enfants du faubourg, aussi bons guerriers que mauvais soldats.

Au repos, les rues du village, où la compagnie stationne, sont remplies, le soir, de leurs cris et de leurs chants tapageurs; quand la prison ne les hospitalise pas.

En ligne, ils sont volontaires à tous les coups de chien. L'un se dit menuisier, l'autre a exercé tous les métiers.

Ce dernier est mon ancien pilote de l'école de pontage. C'est Jules, surnommé *Ouisti*, par ses camarades, sans doute en raison de sa laideur et de son agilité.

Lorsque je l'ai retrouvé à mon arrivée à la compagnie, il faisait fonction de cuisinier dans une escouade.

Quel goût pouvaient avoir les plats préparés par ce Vatel, aux vêtements luisants par la crasse, due au contact permanent des plats et des marmites.

Je ne le vis que peu de temps exercer ses talents de cuistot. Je crois savoir que son caporal le fit rentrer dans les rangs, une nuit qu'il le trouva endormi, près de son feu éteint; le seau de pinard ne contenant plus que la moitié des rations que le dévoué cordon bleu devait avoir touchées à la distribution, pendant que l'escouade était au travail.

Depuis cette aventure, Ouisti a repris sa pioche, et professe un gros dédain à l'égard de ses anciens collègues.

En ce moment, il travaille en toute conscience ; la mise en chantier, cependant, fut longue.

Il fallut d'abord « repérer le coin », griller une cigarette, échanger de menus propos avec les guetteurs. Les deux amis se sont même faits des reproches, au sujet de l'emploi des derniers bénéfices communs.

Ouisti, haussant la voix, a même été jusqu'à promettre à son coadjuteur « qu'il le lancera par-dessus le parapet à la première occase ».

La fouille achevée, et l'échelle dressée, Jules est monté sur le parapet, et maintenant cisaille les fils de fer. Les fusées peuvent monter, c'est à peine s'il se baisse...

. . . .

« Oui, mon colonel, partant d'ici, notre ob-
« jectif serait facile à atteindre, mais l'artillerie
« ne pourra jamais détruire cette redoute ; la
« maison est trop près de nos lignes ; nous tire-
« rions sur nous.....

— « Oui, je comprends ; mais notre première
« vague d'assaut, agissant par surprise, réduira
« peut-être cette défense, avant qu'elle ne nuise ;
« la croupe protégera nos fantassins, au moins
« jusque-là.

— « Croyez-vous que l'ennemi n'est pas sur
« ses gardes ?

— « Il est regrettable que vous n'ayez pu « mener à bien cette sape, capitaine.

— « J'y ai perdu deux sapeurs engloutis par « un camouflet. Oh ! si nous pouvions faire « sauter cette baraque, à l'aide d'un cordon de « sleddite !

— « Trouveriez-vous un homme ! »

. . . .

. . . .

Ouisti, ayant aperçu dans le boyau les deux officiers qui venaient vers lui, a suspendu son travail. A genoux, il cherche à saisir quelques bribes de l'entretien.

C'est une aubaine que cette conversation qu'il tente de surprendre ; quelle chance, en rentrant, lorsque l'escouade sera rassemblée autour du foyer, attisé par le cuistot à moitié éveillé, il pourra annoncer gravement :

« Les gars, je tiens une décision ; à preuve que c'est vrai, c'est le capiston qui me l'a dit ».

Lui, est coutumier de ces petites gazettes de compagnie, et de l'attention que prête chaque camarade à l'audition de ses tuyaux, il tire un grand orgueil.

. . . .

« Moi !... J'y vas !... »

Ouisti s'est laissé glisser dans le fond de la tranchée, et tombe au pied des deux officiers, interloqués par cette soudaine entrée en matière.

« Qui êtes-vous ?

— « Sapeur Jules, dit Ouisti, m'capitaine !

— « Ah, c'est toi ; eh bien, ce travail avance ; « pas trop de balles ?

— « Non, mais je vous dis que j'y vas...

— « Où ça ?

— « Ben quoi ! Poser les pétards ! »

. . . .

Une heure après, aidé par le garde-parc, Ouisti apportait sur ses épaules la caisse aux explosifs. Déjà, deux fois, il s'était égaré dans les ramifications multiples des systèmes de défense ; aussi était-il rouge, l'ami Jules, quand il a rejoint le Colonel et le Capitaine.

« Dépose cela. Tu vas partir vers cette « maison ; tu sais qu'il y a quatre mitrailleuses « constamment braquées sur la plaine, et des « Boches qui guettent... Baisse-toi aux fusées... « Tu feras le tour de ces ruines, et tu compteras « à peu près tes pas... tu reviendras... Nous « amorcerons les pétards ici... As-tu compris ?

— « Oui, mais dites aux Bobosses (1) de ne « pas tirer, c'est assez des Boches !... »

Et le voilà parti !...

(1) Les fantassins.

Par un créneau, on peut, pendant quelque temps, suivre sa silhouette. Il a couru jusque sur la crête ; il a plié le corps en deux, et maintenant on peut l'observer, allant de trou en trou, zizaguant par petits sauts rapides, comme ceux du chat qui se ramasse pour bondir vers sa proie.

Une fusée lancée de la tranchée adverse nous aveugla de sa lueur ; nous n'avons plus revu Ouisti, quand les ténèbres sont revenues.

Depuis une heure qu'il est parti, aucun de ceux qui attendent son retour n'a parlé. Le projet est fou ; il n'en reviendra pas !

Et puis, qui sait ? Cet homme peut avoir profité de l'occasion qui s'offrait pour passer à l'ennemi ! Somme toute, quel moral a-t-il ?

« J'ai vu » dit soudain, au-dessus de nos têtes, la voix de Jules, qui se tenait couché sur le remblai.

« C'est comme qui dirait ni plus ni moins que « leur poste d'écoute, aux Boches. Les réseaux « y sont tout près, avec des boîtes de sardines « accrochés dedans pour que ça carillonne. Ils « sont quatre dans la cave. Mince de gourbi, « Pépère ! y a un poêle. Le chemin de fer y pas- « sait. C'est la maison du garde-barrière ; elle « fait six sur trois.

— « Peux-tu y porter les pétards !

— « Dame ! Pas tout seul ! Portez-les moi à « moitié de chemin. Y'a pas de pét... Ils nous « voient qu'après la crête !... »

Les pétards, après avoir été amorcés, sont solidement fixés sur quatre tringles qui seront disposées autour de la redoute.

On confie à Ouisti ce qu'il faut de cordon détonant, et un gros rouleau de mèche lente. Deux volontaires rejoignent le sapeur pour l'aider à porter ses explosifs.

Comme il disparaissait pour la seconde fois dans les trous d'obus, quelques balles sifflèrent dans la direction du hardi pionnier.

Moment d'angoisse !...

Il n'est pas atteint !... Il rampe sur le sol... Il doit avoir atteint son but !...

L'extrémité de la mèche lente, déroulée, est maintenant là, à portée de la main du Colonel, prête à être allumée.

« Tu as bien fait tes raccords ! Tes jonctions ? « Tu as bien mis l'amorce ?...

— « Mon colonel, vous allez voir la danse ! »

Le Colonel craque une allumette ; il en rapproche la flamme de la mèche, qui se met à brûler avec un grésillement, un pétillement de bonne bûche sèche qui se consume dans le foyer, pendant une veillée... là-bas !... chez nous !...

Le point rouge s'enfuit, s'échappe de nous, rapide comme le feu arrière du train qui vient de passer, et disparaît à l'horizon.

Une minute... deux...

Une grande flamme s'élève ; l'explosion couvre la voix des canons ; quelques pièces passent au-dessus de nous, ronflantes...

La redoute n'est plus !...

Le chemin de la crête est libre !...

BIBLIOTHÈQUE NATIONALE IMPRIMÉS

PHILIPPE DU MAINE.

IMPRIMERIE SPÉCIALE DE « PARIS REVUE »

LES DERNIERS SUCCÈS

DE

"PARIS-REVUE"

Éditions en Plaquettes de Luxe

L'Echange, par Mlle J. de Givry	1 50
Nomades, par Clémente Bourg	1 25
Les jours passent, par C. Rivière.	1 »
La Question d'Alsace-Lorraine, par L. Maigne	1 »
Roman d'Automne, par Mme Juliette Caseneuve.	0 75
Saint-Potin en Orient, par M. Paul Petitbon,	0 75
Simples chansons, par Léopold Lejeune,	0 75
Fils d'aviateur, par Jean Léturjie.	0 75
Fontevrault, par H. d'Arboval.	0 75
Histoires Grises, par M. Pierre A. Mougin.	0 50
Bien fol est qui s'y fie, par Mme H. d'Alexandry	0 50
La Douce folie, par Mlle Bissonnier.	0 50
Le Roman d'un Artiste, par Mlle M. Barret.	0 50
Martha la jolie tunisienne, par Mme Zélie Stich	0 50
Le Valseur ingénu, par Marcel Barbaux.	0 50
Chapeaux féminins, par Camille Arrieux.	0 50
La loi ne prévoit pas ce cas, par Téod. Lubbers	0 50
Chants d'Exil, par Marcel Aubaile,	0 50
Le Noël de Regnault, par G. Gallian.	0 50
Le bouquet d'Ajoncs, par Lucie Hardan.	0 50
Vision brève, par C. Vellerut.	0 50
Mémoires de potache, par Pierre Fauchat.	0 50
Maguita, par Mlle Spindler.	0 75
La Séparation, par Paul Scaglia.	0 50
Chants intérieurs, par Hélène Bascoul.	0 50
La Voix de l'au-delà, par Armand Mermet.	0 50

Des avantages spéciaux sont consentis à nos lecteurs et abonnés pour la publication de leurs œuvres, sous forme de plaquettes.

Pour les débutants, il n'est pas de plus sûr moyen de se faire connaître et d'obtenir la légitime consécration, d'un talent, naguère ignoré.

BIBLIOTHEQUE NATIONALE DE FRANCE
3 7531 04425810 2

www.ingramcontent.com/pod-product-compliance
Lightning Source LLC
LaVergne TN
LVHW020502230826
846091LV00008BA/3317

9782013627856